Charte de vie relationnelle à l'école

ou

Jalons pour mieux communiquer
entre enfants et adultes
au cours d'une année scolaire

par

Jacques Salomé

Psychosociologue

Illustrations de Françoise Malnuit

Albin Michel

« Osons créer des utopies
pour ne pas se laisser enfermer
dans la réalité et aller ainsi
vers plus de réel. »

Ma grand-mère

MOI J'AIMERAIS UN PROFESSEUR QUI ACCEPTE MA RÉPONSE MÊME QUAND CE N'EST PAS CELLE DU LIVRE OU LA SIENNE!
ET MOI JE VOUDRAIS UNE INSTITUTRICE QUI SOULIGNE EN BLEU LES MOTS QUE J'AI ÉCRITS JUSTES!
MOI J'ATTENDS QU'ON NOUS APPRENNE A MIEUX COMMUNIQUER EN CLASSE ET DANS LA VIE! C'EST LE PLUS IMPORTANT POUR NOUS...

Toute grande réalisation a d'abord
été un rêve dans la tête de quelqu'un.
A. EINSTEIN

CHARTE DE VIE POUR DE MEILLEURES RELATIONS DANS LE MONDE DE L'ÉCOLE OU DE L'ÉDUCATION

L'école – qu'elle soit petite ou grande – est certes un lieu d'apprentissage, de transmission des savoirs et des savoir-faire, mais c'est aussi un cadre de vie.

Nous y passons directement une bonne partie de notre temps et elle mobilise indirectement une bonne partie de nos énergies, que nous soyons

- enfant (élève, collégien ou étudiant),
- adulte (enseignant, formateur, éducateur).

Nous y sommes confrontés à un contexte codifié, constitué de règles et de contraintes :

- définies explicitement : l'école est obligatoire pour tous, elle a son fonctionnement propre, son règlement, son échelle de valeurs.
- ou imposées implicitement : nous ne choisissons ni nos maîtres, ni même nos camarades de classe, les professeurs ne choisissent ni leurs élèves,

AVANT, SITÔT SORTIE DU LYCÉE, JE NE PENSAIS PLUS À LA CLASSE... MAINTENANT, IL M'ARRIVE DE PARLER À MES PARENTS DE CE QU'ON FAIT SUR LA COMMUNICATION... C'EST LA MATIÈRE QUE JE PRÉFÈRE AVEC L'HISTOIRE ! AU MOINS ON PEUT PARLER EN CLASSE...
MOI, J'AI L'IMPRESSION D'ÊTRE PLUS INTELLIGENTE QUAND ON ME DEMANDE MON AVIS !

ni leurs collègues de travail (dans un premier temps en tout cas, même si des préférences et des affinités se nouent ensuite).

Dans ce monde institutionnalisé, les priorités sont souvent l'urgence du temps, la primauté du collectif, le choix des méthodes, le contenu des matières, le règne du rationalisme et de l'utilitaire, le privilège de l'efficacité, le souci de la cohérence interne, la perpétuation et la pérennisation de l'identique.

Dans ce contexte, quelle est la place accordée à la qualité de vie, aux échanges, au savoir-être, au savoir-devenir, aux initiatives personnelles, aux besoins intimes fondamentaux, aux désirs, aux attentes, aux engagements et aux investissements individuels autres que ceux qui sont directement convertibles en rendement mesurable, quantifiable et évaluable selon la logique interne du système de référence ?

Dans ce microcosme où chacun tisse une multitude de relations significatives et marquantes (faites le compte du nombre d'enseignants et de camarades que vous avez pu côtoyer, rencontrer et connaître tout au long de votre propre scolarité !), quelle est la place laissée aux initiatives personnelles ?

Quelle est la place offerte à l'imprévisible, aux possibles, à la manière d'être, au relationnel ?

Est-ce donc une utopie que de rêver un espace et un temps pour une réelle prise en compte de la

C'EST PAS FACILE DE METTRE EN APPLICATION CES RÈGLES D'HYGIÈNE RELATIONNELLE... SURTOUT QUAND ON SAIT PAS QU'ELLES EXISTENT !
IL NE SUFFIT PAS DE SAVOIR QU'ELLES EXISTENT... IL FAUT LES PRATIQUER ! MON MARI SE DEMANDE SI JE NE SUIS PAS DEVENUE FOLLE !

dimension relationnelle afférente à l'acte d'enseigner et d'apprendre, quand nous savons aujourd'hui que le savoir est vendu, consommé et oublié tel un produit banalisé ?

Il est transmis sans intermédiaire, du compilateur (et non du producteur) au consommateur potentiel. Prémastiqué, prédigéré en encyclopédie, en logiciel, en CD-ROM ou en bandes dessinées. Le savoir est trop souvent coupé du sens et de ses liens avec la vie.

Est-ce une gageure que de se donner les moyens de mettre en œuvre un véritable projet d'amélioration de la communication à l'école pour des interactions plus riches et plus satisfaisantes ?

Est-ce un leurre que d'imaginer la constitution d'un contrat personnalisé et individualisé entre enseignants et enseignés, enseignés et enseignants, et de jeter ainsi les bases de ce qui pourrait devenir une charte de vie pour de meilleures relations dans le monde de l'école et de l'éducation ? Une charte de vie susceptible de prendre en compte les principaux types d'échanges qui ont cours à différents niveaux, à savoir :

• les échanges verticaux adulte-enfant (des enseignants vers les enseignés et, réciproquement, des élèves à l'égard de leurs maîtres ou professeurs),

• les échanges horizontaux entre pairs ou collatéraux (des adultes entre eux, entre collègues, ou des enfants entre eux, entre camarades).

non mais! t'as vu comme ils nous parlent maintenant?
je croyais pas ça possible... enfin des vrais dialogues!
j'ai le sentiment d'être entendue!
oui! c'est agréable d'être écoutée sans être interrompue!

Une charte de vie relationnelle qui, au-delà des principes administratifs en vigueur (emploi du temps, rapports hiérarchiques, règlement intérieur, programmes…) ferait l'objet d'une élaboration à laquelle participeraient les acteurs concernés, tous considérés comme des interlocuteurs valables, respectables et dignes d'être entendus, qui pourraient mettre en commun leurs idées, leurs expectatives, leurs souhaits.

Cette charte serait définie sur la base d'attentes énoncées et d'engagements pris de part et d'autre, chacun de sa place, afin d'améliorer le quotidien de ce temps de partage. Elle pourrait être rédigée en début d'année scolaire, puis revisitée et réactualisée régulièrement au cours des différentes phases qui scandent les étapes de cette vie ensemble.

ICI ÉCOLE
RELATIONNELLE

Le texte qui suit constitue l'ébauche de ce rêve, la trame d'une telle charte. Il s'agit d'un canevas proposé davantage à titre de schéma et de repère que d'exemple à suivre à la lettre. Imaginé plus comme un support stimulant pour une réflexion que comme un modèle à suivre et à appliquer, il se veut ouvert, à compléter éventuellement, mais surtout à s'approprier, à oser expérimenter et pratiquer sans se décourager…

Il a été divisé en deux principales rubriques en partant du point de vue de l'interlocuteur concerné, qu'il s'agisse de l'enseignant ou qu'il s'agisse de l'enseigné.

En tant qu'enseigné, voici ce que j'attends
- de mes professeurs ou maîtres,
- de mes camarades.

En tant qu'enseignant, voici ce que j'attends
- de mes élèves,
- de mes collègues.

Chacune de ces rubriques est indépendante de l'ensemble.

SI TU CROIS QUE C'EST UNE CIRCULAIRE MINISTÉRIELLE QUI M'OBLIGERA À ENSEIGNER LA COMMUNICATION COMME UNE MATIÈRE À PART ENTIÈRE... C'EST QUE TU ME CONNAIS MAL !
MOI, ÇA ME RASSURERAIT PLUTÔT !
ILS ONT DES COMMISSIONS, DES CHARGÉS DE MISSION, DES EXPERTS TOUT LÀ-HAUT ! ILS N'ONT QU'À LES FAIRE TRAVAILLER !!

Dans ce monde d'aujourd'hui, il était une fois, seulement une fois, un enseignant et un groupe d'enseignés qui échangèrent sur leurs façons habituelles et trop souvent malhabiles de communiquer. Ils s'interrogèrent non seulement sur leurs insatisfactions et leurs déceptions, mais surtout sur leurs attentes et leurs souhaits réciproques. Ils étaient pleins d'enthousiasme, animés d'un réel et profond désir d'améliorer la qualité de leur partage, d'enrichir et d'agrandir les possibles de leur mise en commun, durant le temps d'une année scolaire.

Ils imaginèrent alors de définir les modalités d'un projet à bâtir ensemble.

Ils décidèrent de convenir d'un accord recevable par les uns et par les autres, en posant les premières pierres de ce qui pourrait devenir une « Charte de Vie relationnelle » entre un élève et un adulte et, peut-être aussi et surtout, entre un enseignant et ses élèves.

NOUS AVONS UNE ANNÉE À PASSER ENSEMBLE ET JE SOUHAITE VIVRE DU BON AVEC VOUS...
je sais jamais comment m'y prendre avec les adultes...
J'ai trop à dire... je ne sais pas par où commencer !
alors... on peut dire ce qu'on pense sans se faire punir ?
moi... on m'a déjà fait le coup de la fausse compréhension

« Il ne s'agit pas de transmettre la
bonne parole aux nouvelles générations,
mais aussi de leur permettre de prendre
la parole et que naissent de nouveaux
cercles de poètes. »

François Marchand

Il ne suffit plus aujourd'hui d'inculquer des savoirs et de proposer ou d'imposer des « savoir-faire ». Le temps est venu d'offrir des références, d'apporter des témoignages, de tenter des expé-

riences pour développer ces acquis de base et les prolonger en un savoir-être, un savoir-créer et un savoir-devenir dans un monde en pleine mutation.

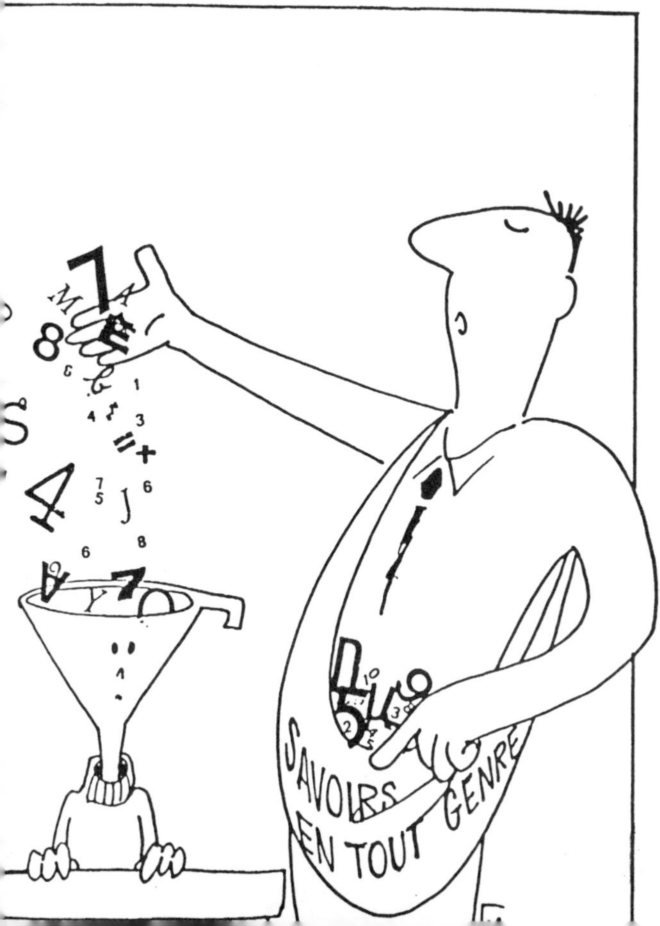

MOI, JE VOIS BIEN À LA MAISON QU'ILS N'ARRÊTENT PAS DE SE CRITIQUER... PAPA, IL DIT TOUJOURS CE QU'IL NE VA PAS FAIRE AVEC MAMAN... "JE NE SERAI PAS LÀ LUNDI PARCE QUE JE VAIS AU BASKET... MERCREDI PARCE QUE JE SUIS AU SYNDICAT... VENDREDI, JE JOUE AUX CARTES AVEC MES COPAINS..." IL NE LUI DIT JAMAIS CE QU'IL A ENVIE DE VIVRE AVEC ELLE QUAND IL EST LÀ !
CHEZ MOI, ON PARLE SURTOUT SUR LES AUTRES ET JAMAIS DE SOI... C'EST PAS BIEN, DIT MAMAN, DE SE METTRE EN AVANT !!

CHAPITRE I

COMME ENFANT CE QUE J'ATTENDS DES ADULTES

« Comme enseigné ou comme élève, pourrait commencer un enfant, voici ce que j'attends de mon professeur... »

Peut-être chaque enfant trouvera-t-il d'autres mots, d'autres expressions, d'autres moyens plus visuels pour se dire, pour se faire entendre, mais l'essentiel en sera énoncé.

J'attends que vous me considériez comme un sujet en évolution, un « être apprenant » et non comme un objet d'apprentissage ou de gavage, étiqueté, catalogué et catégorisé !

moi, je voudrais connaître toutes les histoires de tous les Indiens et apprendre leurs langues !
et moi, c'qui me plairait, c'est connaître tous les oiseaux du monde et apprendre comment ils font leur nid...
et moi, j'voudrais apprendre la mécanique !
FM.

J'ai le désir d'apprendre, mais pas à n'importe quel prix. Et si je ne réussis pas, ce n'est pas parce que je ne veux pas, par paresse ou par manque d'intérêt, mais pour des enjeux qui peuvent m'échapper, pour des contradictions qui ne sont pas toujours claires pour moi-même.

Pas de problèmes pour moi !
Il suffit d'avoir un objectif comme dit papa, de savoir ce que l'on veut comme dit oncle Paul, de pas se laisser marcher sur les pieds comme dit sa femme Marcelle, d'être toujours d'accord et de pas contrarier comme dit maman ! Et surtout se méfier des mauvaises fréquentations comme dit grand'père... qui sait de quoi il parle !
FM.

J'attends et j'espère que vous me reconnaissiez tel que je suis, là où je suis… et non tel que vous voudriez que je sois. Je ne tire aucune gloire à représenter le portrait-robot de l'élève type, standardisé à tel ou tel niveau, dans telle ou telle matière. Dans ma classe, comme dans ma famille, je me sens un être unique, un enfant, un adolescent qui affronte cette tranche de vie en commettant des erreurs, en me heurtant à des difficultés, en butant ou en me confrontant à des limites. Je me reconnais aussi comme disposant d'infiniment de ressources, d'enthousiasme avec tous mes possibles.

SONT RELOU CES VIEUX À VOULOIR NOUS COMPRENDRE AU LIEU DE NOUS ENTENDRE
...À VOULOIR EXPLIQUER AU LIEU DE SE DIRE...
... À DÉCIDER UNILATÉRALEMENT CE QU'EST BON, PAS BON... FAISABLE ET PAS FAISABLE POUR NOUS !
C'EST MOI QU'AI BESOIN D'EUX MAIS POUR AUT'CHOSE QUE CE QU'ILS PENSENT ! J'AI BESOIN D'ÊTRE ÉCOUTÉE, ENTENDUE, RECONNUE VALORISÉE ! ... AU QUOTIDIEN... PAS ACCIDENTELL'MENT
M.

J'attends de l'adulte, que vous êtes, qui sera mon instituteur, mon professeur, mon maître :

Que vous m'écoutiez parfois dans ce que je vis, dans ce que je ressens, dans ce que j'imagine ou dans ce que je rêve.

Que vous ne m'enfermiez pas dans vos réponses, dans votre savoir.

Que vous ne restiez pas exclusivement au niveau des faits, de la logique.

Que vous ne vous réfugiez pas dans des références normatives ou des raisonnements.

Je souhaite avoir devant moi :

Un adulte qui soit capable de m'entendre, même dans mes hésitations, mes contradictions et mes tâtonnements.

Un adulte qui puisse recevoir mes interrogations, mes désirs et mes peurs… sans les prendre nécessairement en charge, sans se sentir obligé de les résoudre, de les dévier, de les contrer ou de s'y opposer.

moi, ce que j'aimerais qu'on parle à l'école, c'est comment je peux faire pour empêcher mes parents de se disputer...
et moi, pour que les garçons tournent pas autour de ma grande sœur !
et moi, de ce que je peux faire pour qu'ils restent ensemble...
et moi ! qu'est-ce-que je peux faire pour que maman ne déprime plus ?
JE PEUX PAS LES LAISSER PARLER SUR ÇA !

Je souhaite que vous puissiez considérer comme important le fait de consacrer du temps à de véritables échanges, au partage, à la mise en commun ouverte, sur des thèmes, des questions ou des centres d'intérêt qui, même s'ils paraissent « hors sujet » ou éloignés du programme, sont néanmoins les miens, proches de ma sensibilité et qui méritent à ce titre qu'une attention leur soit accordée.

les adultes, c'est terrible ! . ils parlent sans arrêt sur toi, . ils donnent des conseils, . ils savent ce que tu dois penser, . ils anticipent ta vie, . ils...
ouais... mais toi tu fais pareil ! T'arrêtes pas de parler sur eux, sur ce qu'ils font ou ne font pas !
... moi, quand je parle de moi, je suis pas entendu... quand ils parlent de moi, je les écoute pas ! j'aime ça, rester incompris. Ça permet de les accuser de toute façon !
FM.

Je désire que vous ne parliez plus sur moi, à des collègues, à mes parents ou devant les autres élèves, mais surtout que vous me parliez à moi, directement, dans un échange personnalisé. Je me sens trop mal à l'aise dans la communication indirecte.

CINQ FAUTES... C'EST BEAUCOUP TROP !
IL N'A PAS FAIT D'EFFORT...
J'AURAIS AIMÉ QU'IL RÉUSSISSE...
OH ! M'SIEUR C'EST PAS GRAVE !
IL ME FAIT TOUJOURS DES REPROCHES, À MOI !
J'AURAIS AIMÉ QU'IL M'ENCOURAGE...

J'imagine que vous puissiez valoriser ma production, quelle qu'elle soit. Pourriez-vous ne pas seulement souligner mes fautes, mais faire ressortir et mettre aussi en évidence mes réussites ?

Par exemple, avec un crayon bleu ciel, encadrer les mots que j'ai écrits juste et réserver le traditionnel crayon rouge pour pointer mes erreurs, attirer mon attention sur les ajustements qu'il m'appartiendra de faire.

Et puis, le temps ne serait-il pas venu de parler « d'erreur » ou de « différence » plutôt que de faute ? Ne serait-il pas possible d'abandonner les connotations jugeantes, disqualifiantes ?

MAUVAIS CARACTÈRE
TROP BAVARD
NUL!
INDISCIPLINÉ
0/20
NUL
peut mieux faire

J'attends que vous ne portiez plus de jugements de valeur ou d'appréciation sur ma personne.

Je peux accepter d'être évalué et confronté à propos de ce que je fais ou de ce que je dis, de ce que je ne fais pas ou ne dis pas, mais je vis comme pénible, douloureux, blessant et humiliant le fait d'être mis en cause dans ma personne. L'utilisation trop fréquente et trop souvent systématique d'un vocabulaire globalisant – « Il n'est jamais à l'heure ! » ou « Il est toujours comme ça » – ne me permet pas de me situer.

Ce que j'aime chez mon instit'... c'est qu'il accepte que j'aie des idées différentes de lui...
moi, j'apprécie qu'il ne porte pas de jugements
Et c'est super... il ne sanctionne pas les réponses même quand elles sont fausses !

Je suis extrêmement sensible à l'injustice ; en revanche, je peux tirer profit de critiques constructives énoncées sur le ton bienveillant du conseil, de l'avis, de la proposition et du partage.

Chaque fois que nous aurons, vous, mon professeur, et moi, la possibilité d'échanger sur nos perceptions différentes d'un même événement, nous créerons autant d'ouvertures vers plus de rapprochements possibles.

Je voudrais vraiment que vous ne me confondiez pas avec mes productions, que vous ne me réduisiez pas à mes résultats. Je ne suis pas seulement un profil de notes couchées sur un cahier, ni une moyenne évaluée trois fois l'an. Je peux comprendre

le principe de l'évaluation de mes acquisitions, de mes compétences ou de mes aptitudes, comme je peux accepter l'intérêt d'une évaluation de mes difficultés actuelles, si elles sont un reflet et non un rejet.

MOI, JE VEUX COMPRENDRE POURQUOI TU FAIS CELA !
et moi je souhaite que vous entendiez ce que je tente de dire, même maladroitement, quand je fais cela !!

Je souhaite encore que vous, mon enseignant, ne m'apportiez pas toutes les réponses.

• Que vous ne me précédiez pas toujours avec des explications toutes faites.

• Que vous puissiez plutôt susciter ma réflexion et que vous participiez au développement de mon esprit critique.

• Que vous m'aidiez à me responsabiliser dans l'acte d'apprendre.

• Que vous acceptiez aussi de constater et de respecter les blocages, les résistances que je peux manifester pour certaines matières, ou par rapport à certains sujets.

Dans ma dynamique globale, ces difficultés ont leur place, leur fonction et leur signification. Elles sont des langages. Puis-je vous inviter à relire Tata Dolto, dont trop souvent les adultes se gargarisent sans toujours entendre son message de respect et de rigueur !

M'SIEUR ?
JE NE COMPRENDS PA
QUAND VOUS DITES
IL NE FAUT PAS CHERCHER À COMPRENDRE !... IL FAUT ADMETTRE !

Je voudrais :

• Que vous ne vous impatientiez pas trop dans l'attente de la seule bonne réponse admise : celle du livre ou la vôtre.

• Que vous acceptiez de m'accompagner dans mes tâtonnements et ma recherche. Mes erreurs ont un sens et peuvent être exploitées. Je peux imaginer que vous puissiez recueillir ma réponse, même quand elle vous paraît erronée, ce qui ne veut pas dire pour moi que vous devez l'approuver ! Mais vous pouvez au moins vous appuyer sur elle pour aller plus loin… avec moi. Aller plus loin avec quelqu'un, n'est-ce pas aller plus près ?

COMMUNIQUER !! C'EST BIEN BEAU... MAIS ON N'A PAS QUE ÇA À FAIRE !
MOI, S'ILS ALLÈGENT MON PROGRAMME, JE VEUX BIEN ESSAYER !
J'AI DÉJÀ ESSAYÉ ! MAIS C'EST TOUT DE SUITE LE FOUTOIR... TOUT LE MONDE PARLE EN MÊME TEMPS ET QUAND LA CLOCHE SONNE ... T'ES PAS PLUS AVANCÉ !

Je souhaiterais fréquenter durant une année scolaire un adulte qui sache prendre le temps de m'écouter, sans me renvoyer sans arrêt à la masse, au nombre ou à la difficulté d'avoir à s'occuper d'une « trop grande classe et-en-plus-j'ai-huit-classes-comme-vous-alors-si-je-dois-écouter-chacun-avec-ses-histoires ! ».

J'TIENS L'COUP MALGRÉ EUX... C'EST LA MORT QUAND ILS TENTENT UN ÉCHANGE "TU... TU... TU... ON... ON... ON... NOUS... NOUS..." Y'A PAS D'EXISTENCE POSSIBLE DANS CE CHARABIA !
MES VIEUX, QUAND J'LES INVITE À PARLER D'LEUR RESSENTI, DE C'QU'ILS ÉPROUVENT, C'EST COMME SI JE LES AGRESSAIS ! C'EST PAS POSSIBLE !
J'ME FAIS HONTE PARFOIS DE VOULOIR LES PROTÈGER, DE LEUR ÉVITER DE SE RIDICULISER QUAND ILS SORTENT DES BANALITÉS... ALORS, J'FAIS COMME EUX, JE M'EN SORS AVEC DES "J'VOUS AIME BIEN !" MAIS C'EST PAUVRE, C'EST P'TIT NOS ÉCHANGES...

Oui, j'espère rencontrer quelqu'un qui accepte mes silences, non pas comme un refus ou de la mauvaise volonté, mais comme un besoin réel qui m'habite et qui m'appartient.

Il y a tant de choses dans mes silences !

CHAQUE FOIS QUE J'AI UNE DEMANDE QUI LE DESTABILISE, MON PÈRE SE RÉFUGIE DERRIÈRE SES PEURS... "PASSE TON BAC D'ABORD... APRÈS ON DISCUTERA DE TOUT ÇA." QU'IL DIT !
LE MIEN, CHAQUE FOIS QUE JE FAIS UN PROJET OÙ MES PARENTS NE SONT PAS... IL OUVRE LE PARAPLUIE DE SES PRINCIPES "C'EST MON RÔLE DE PÈRE DE TE PROTÉGER" OU BIEN "C'EST À MOI D'ASSUMER LES RESPONSABILITÉS QUE TU NE PEUX PAS PRENDRE !" LA MEILLEURE, C'EST QUAND IL DIT "C'EST POUR TON BIEN QUE JE FAIS ÇA." J'AI ENVIE DE CHIALER TELLEMENT C'EST DÉBILE COMME RÉPONSE !

Ah ! rencontrer un adulte qui ne prenne pas seulement en considération ma réponse, car elle n'est que l'ultime aboutissement visible de tout un processus intérieur, mais qui se donne le temps de sentir l'importance de ce cheminement qui précède l'énoncé d'une réponse. Et d'ailleurs, nous pourrions, un jour, parler de tout cela si nous apprenions ensemble les relations humaines à l'École !

IL FAUT BEAUCOUP DE SOIN, DE PATIENCE ET... D'AMOUR !
faut combien de temps pour fabriquer un violon ?
ça coûte combien un violon fait cœur ?
y'a combien de pièces dans un violon ?
ça sert à quoi de savoir fabrique un violon ?
moi j'inventerai des guitares su mon ordinateur

Je demande que vous manifestiez de l'intérêt pour l'enseignement et les relations ; sur la façon de communiquer et pas seulement pour la matière enseignée. Si ma participation et mon investissement dépendent, pour une large part, de facteurs qui m'appartiennent en propre et qui sont fonction de mon évolution personnelle ou d'enjeux plus intimes (motivation, ambition, curiosité, aptitudes…), ils sont néanmoins susceptibles de varier, en relation directe avec votre propre attitude. Votre désintérêt, vos insatisfactions ou vos intolérances peuvent saboter ainsi mes élans, tandis que vos enthousiasmes et votre plaisir à enseigner amplifient et stimulent mon appétence à apprendre.

JE TIENS À VOUS PRÉCISER QUE MON SAVOIR EST RELATIF !
moi, je veux juste savoir si papa et maman vont rester ensemble !
moi, j'ai pas besoin de tout apprendre... à quoi ça sert ?
moi, je sais comment il faut faire pour pas avoir d'enfants !

Le plus délicat à dire et le plus difficile à oser imaginer et à demander, sans doute, mais le plus important à faire entendre, à faire passer, c'est l'idée qu'un professeur puisse accepter de se remettre en cause.

Pourrait-il sortir du quant-à-soi assigné à sa fonction ou à son rôle et témoigner de lui en toute simplicité ?

ouais, i' disent toujours que j'peux mieux faire ! mais ce que j'fais, c'est déjà le mieux de moi... j'suis à la limite de ma tolérance ... i'savent pas les efforts que je fais pour supporter les bouffons de ma classe ...
y'a pas d'injustice plus grande que d'être écolier ! Obéir, obéir toujours OBÉIR !!
et en plus, eux, ils font même pas ce qu'ils exigent de toi !
F.M.

Quand j'entends, trop fréquemment au-dessus de ma tête, ces remarques désobligeantes, ces paroles dénigrantes ou ces commentaires disqualifiants, ces plaintes ou ces accusations, ces étiquetages ou jérémiades, mon écoute s'enfuit, mes fermetures s'accentuent.

Comment exister si je reste prisonnier de la parole négativante d'un enseignant sur moi ? « Tu es paresseux – tu n'as aucune volonté – tu devrais faire un effort – tu es trop dispersé – tu n'as aucune attention – tu n'arriveras jamais à rien... » La liste n'est pas exhaustive.

Ces phrases ont l'art de me stopper, de me fermer, de renforcer mon repli ou mon opposition.

Les cris et les violences verbales, les attitudes de rejet créent en moi de la confusion, parfois de la terreur et toujours un doute qui me panique.

Je ne crois pas que je puisse apprendre et m'épanouir à partir de ces trois mamelles de l'éducation que je côtoie sans cesse : menaces, sanctions et culpabilisations.

Comment voulez-vous que je pense par moi-même si vous pensez à ma place ? En plus, penser s'écrit parfois avec un a !

J'EN AI ASSEZ D'ENTENDRE IL EST PARESSEUX... IL POURRAIT MIEUX FAIRE... IL NE TRAVAILLE PAS...
JE VOUDRAIS POUVOIR M'INTERROGER SUR CE QUI ME MANQUE, SUR QUOI JE BUTE, SUR CE QUE JE N'ARRIVE PAS À VOIR !
ON N'EST PAS LÀ POUR FAIRE DE L'INTROSPECTION MASTURBATOIRE..., S'ILS NE VEULENT PAS ÉCOUTER, NI SUIVRE C'EST LEUR AFFAIRE !
MOI JE PENSE QUAND MÊME QUE NOUS POUVONS TENTER D'UTILISER LES MOYENS QUI NOUS SONT PROPOSÉS ET DE DÉVELOPPER NOTRE FAÇON D'ÊTRE AVEC EUX...
NOUS NE FAISONS QUE NOUS PLAINDRE D'EUX !

Je rêve d'un enseignant qui accepte de se remettre en cause et puisse me dire que c'est lui qui est parfois en difficulté face à mes conduites, à mes comportements ou à mes résultats…

Mais surtout, qu'il ne me confonde pas avec eux !

PERSONNE M'A APPRIS À COMMUNIQUER... PENDANT DES ANNÉES JE N'AI EU QUE MA BONNE VOLONTÉ ET CELLE DE L'AUTRE POUR DIALOGUER... CELLE DE L'AUTRE, JE COURS TOUJOURS APRÈS !
LA RELATION ? ... J'AI LONGTEMPS CRU QUE C'ÉTAIT UN MYTHE... L'ARLÉSIENNE QUOI !
IL VA FALLOIR S'ACCROCHER DUR... C'EST UNE VÉRITABLE RÉVOLUTION DE DÉCOUVRIR QU'ON EST TOUJOURS TROIS ! L'AUTRE, MOI ET LA RELATION... EN CLASSE ON EST AU MOINS 71... FAIS LE COMPTE 35 ÉLÈVES + 35 RELATIONS + TOI ... ET JE PARLE PAS DES PARENTS, DU PROVISEUR, DU PROF. PRINCIPAL ETC... ETC...
FM.

Oui, je rêve d'avoir devant moi :

Un adulte qui oserait dire : « C'est vrai, je me sens en difficulté avec toi sur le plan des mathématiques ou du français », ou encore : « Je n'arrive pas à capter ton attention, je ne sais comment te permettre d'être plus présent, plus centré sur ton travail. »

Un adulte qui pourrait reconnaître « Moi aussi, à ma façon, j'ai besoin d'aide, pour aller plus loin avec toi ».

Oui, un adulte « mâture », capable de se responsabiliser dans ce qu'il vit avec moi, capable de se positionner à partir de son propre vécu et ressenti.

Un adulte qui saurait dire : « Je me sens blessé, désemparé ou démuni quand j'ai le sentiment d'échouer avec toi, alors que je réussis avec la plupart des autres élèves. Je vis mal cet échec et je m'interroge sur ma difficulté à moi avec toi. »

J’attends de vous, les adultes qui m’entourez, que vous puissiez prendre en compte la qualité de nos échanges, pas seulement la quantité de travail fourni (notes, classement, vitesse, conformisme).

Je considère, pour ma part, que la qualité de la relation et de la communication, au niveau du « groupe-classe », est à préserver et à entretenir avec soin.

C'est en m'appuyant sur cet objectif que je demande une répartition plus équitable des quatre principaux axes qui participent à une communication vivante, à savoir :

- Demander
- Donner
- Recevoir
- Refuser

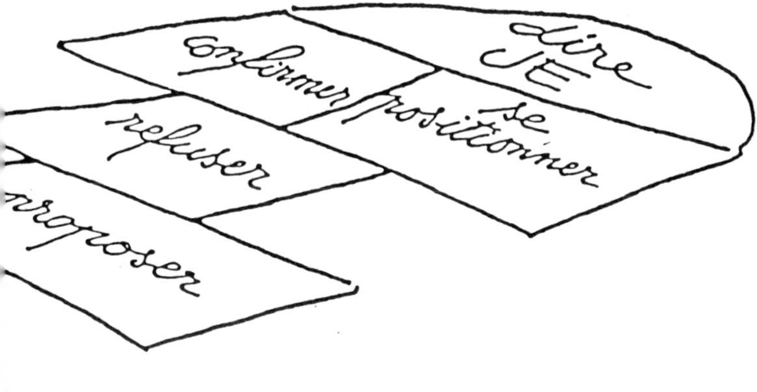

LES ADULTES, ILS NOUS DISENT TOUJOURS CE QU'ON DOIT FAIRE... ET PAS CE QU'ON DOIT ÊTRE !
MOI, J'AI COMPRIS TRÈS TÔT QU'ILS AVAIENT BESOIN D'ÊTRE RASSURÉS ! ALORS, QUAND JE VEUX AVOIR LA PAIX, JE LEUR DIS QUE TOUT VA BIEN ET QUE J'AI PASSÉ UNE BONNE JOURNÉE À L'ÉCOLE !

J'ai besoin de quelqu'un qui s'enthousiasme, s'émerveille, se ré-invente, sinon chaque jour, du moins le plus souvent possible.

Mon écoute, « mon entendre » dépendront pour une grande part de cette énergie positive que je sens chez certains professeurs et qui donne une coloration, un goût et même un parfum aux journées d'école.

conjugaison relationnelle
on, il, je
LE PROF A FAIT EXPRÈS DE MULTIPLIER LES DIFFICULTÉS **IL** A VOULU NOUS PIÉGER !
ON A EU UN DEVOIR DIFFICILE ! **ON** N'A PAS SU RÉPONDRE...
MOI, **J'AI** EU DES DIFFICULTÉS À RÉPONDRE...

Je souhaite que chacun de ces points puisse avoir sa place dans l'emploi du temps d'une journée scolaire, en ce sens que :

• Je peux être aussi porteur de demandes qui, en tant que telles, ont besoin d'être entendues, même si elles ne seront pas toujours satisfaites.

• Je suis susceptible de donner, quand, à l'autre bout de la relation, le professeur accepte d'accueillir ou de simplement recevoir ce qui vient de moi. Car je me sens aussi en quête de découvertes riches de « savoir-faire » ou de connaissances fondées sur des expériences de vie. Tout ce qui me vient des enseignants ne tombe pas sur un terrain inexploité, en friche ou vierge... J'ai aussi à ma façon, sur beaucoup de points, une réponse, un vécu, des représentations mentales, des idées et des croyances... que je peux partager, confronter.

ELLE POURRAIT DIRE MERCI !
ELLE DEVRAIT FAIRE UN EFFORT EN ANGLAIS...
...ET ÊTRE PLUS ATTENTIVE EN MATHS.
ELLE DEVRAIT SURVEILLER SA DICTION ET SON ORTHOGRAPHE !
on me demande de m'ajuster sur les désirs et les inquiétudes des adultes...

Je suis capable de recevoir et d'amplifier ce qui m'est enseigné, pas seulement de le subir. Je peux apprendre à être partie prenante dans mon parcours scolaire.

J'aime bien quand même les mettre en échec ! Leur montrer qu'ils sont pas tout puissants...
Les adultes, chaque fois que tu leur dis NON ! ils croient que c'est contre eux !
Eux, ils croient que tu réponds en fonction de ce qu'ils disent ... mais moi j'réponds en fonction de ce que je ressens !

Je suis aussi susceptible de dire non, de refuser, non pas pour m'opposer ou contrer, mais surtout pour affirmer mes positions, énoncer des perceptions différentes, partager des convictions.

Chaque fois que je peux dire non, sans m'enfermer dans du réactionnel, j'apprends aussi à dire des oui plus vrais qui m'engagent réellement.

UNE BONNE RELATION C'EST QUAND ON S'AIME BIEN !
MAIS NON ! T'AS RIEN COMPRIS... C'EST QUAND ON PEUT PARLER DE TOUT ET QU'ON NOUS AIME QUAND MÊME !
Fy.

Je sais qu'il y a dans chaque relation une part de mystère, une part d'imprévisible qui échappe à tout pronostic, à toute concertation, à toute anticipation.

Nous sommes si nombreux, si différents, parfois si inaccessibles dans une classe et, cependant, chacun est unique, chacun est un univers en gestation.

Voilà pour l'instant quelques points de confrontations possibles par lesquels nous pourrions commencer, tout en sachant qu'il en existe bien d'autres.

Oui, l'échange est ouvert !

JE ME SENS ÉTROIT, RÉTRÉCI, RÉDUIT DANS MA MATIÈRE... UN GHETTO DANS LEQUEL ILS M'ENFERMENT... JE NE VOIS PAS D'ISSUE... JE SURVIS...
MOI AUSSI ! LE PLUS SOUVENT RAS-LE-BOL... RAS-LE-SAVOIR ... ET PUIS UN ÉCHANGE À LA FIN D'UN COURS, UN CONTACT UNE LUEUR... UN ESPOIR QUE QUELQUECHOSE EST PASSÉ... ÇA ME REGONFLE !
DANS LES ÉCHANGES PERSONNELS, ÇA VA ! TU ES DEVANT QUELQU'UN. MAIS EN GROUPE, IL Y A LES CLANS, LES CAÏDS QUI IMPOSENT UN REFUS... ILS SE CENSURENT ET S'AUTO-PRIVENT... ILS SE CONSTIPENT ENTRE EUX DE FAÇON TERRIBLE ! J'AIMERAIS PARLER DE TOUT ÇA AVEC EUX !

D'ABORD LA COMMUNICATION CE N'EST PAS UNE SCIENCE ! C'EST SUBJECTIF... JE NE VOIS VRAIMENT PAS COMMENT ON POURRAIT L'ENSEIGNER...

CHAPITRE II

COMME ENSEIGNANT

J'attends…
J'espère…
Je souhaite…

bon d'accord ! je dis JE je fais des demandes claires j'exprime mes sentiments je me positionne je ne parle pas sur l'autre
et l'autre en face
• il continue à parler sur moi.
• il me définit.
• il pense à ma place ce qui est bon, pas bon !
• il me menace parfois, me culpabilise beaucoup.
• il m'enferme dans un jugement.
t'en connais, toi, qui sont branchés sur l'écologie relationnelle ?
c'est le risque de toute relation... que l'autre soit pas en phase avec toi !
on ne peut pas avoir le feeling avec tous !

De son côté, comme adulte et comme enseignant, voici ce que pourrait répondre un professeur.

Voici comment il pourrait énoncer ses attentes à l'égard de chaque élève et se positionner face aux élèves d'une classe donnée.

Nous ne nous sommes pas choisis et nous n'avons pas désiré, pour beaucoup d'entre nous, être ensemble, cependant nous allons avoir à cohabiter. Aussi, je vous propose d'envisager comment nous pourrions aménager nos relations au mieux de nos intérêts et de nos préoccupations mutuels.

Nous pourrions ainsi négocier, vous et moi, les conditions et les principes de base qui baliseront notre espace-temps de vie commune.

T'AS VU L'HEURE ?
T'AS ENCORE TRAÎNÉ...
T'AS QU'À TE METTRE À
TES DEVOIRS SANS GOÛTER
ÇA T'APPREND
ET TU VAS VO
TON PÈRE
QUAND
VA
c'est bien beau d'apprendre la communication à l'école ... mais quand je vais rentrer à la maison ?

Pour cette année scolaire à venir, il ne m'appartient pas seulement de vous laisser entrevoir ou miroiter la perspective d'une réussite ou des résultats extraordinaires, mais de mettre aussi en œuvre avec vous une sorte de contrat de bien-être.

C'est-à-dire, plus concrètement et grâce à l'application de quelques règles d'hygiène relationnelle, l'opportunité d'un mieux-être et mieux-vivre ensemble, dans cet espace de vie qu'on appelle une classe.

Soins Relationnels
Pilier du DONNER
Pilier du REFUSER
Pilier du RECEVOIR
ECOLOGIE RELATIONNELLE

Pour remplir ma mission d'enseignant et ma tâche de formation avec vous, j'ai besoin d'un minimum d'attention et de disponibilité de votre part.

Je compte sur une intentionnalité suffisante, chez vous, de travailler avec moi, afin de contribuer à la réalisation concrète de notre projet qui est de « produire » et de construire en commun.

Cette production qu'est notre tâche, cette construction à mettre en œuvre est semblable à une maison avec :

– Des fondations et des soubassements solides qui seront la base nécessaire pour l'acquisition des connaissances (savoir).

– Des murs reliant plusieurs savoirs ensemble et constituant une méthodologie (savoir-faire).

– Une charpente et un toit suffisamment cohérents pour contenir le tout et assurer une qualité de la relation et d'échange (savoir-être).

– Un aménagement intérieur confortable symbolisant les multiples choix et façons possibles de s'ajuster, de créer et d'évoluer (savoir-devenir).

Ecologie Relationnelle
science non exacte mais
suffisamment précise pour
développer :
des communications vivantes
et des relations en santé !
c'est encore
un truc pour
se faire avoir...
moi j'aime pa
l'école

Ma disponibilité, mon efficience et ma propre réussite avec chacun d'entre vous, seront fonction du climat relationnel qui se développera et régnera dans la classe.

Je dispose de beaucoup de connaissances apprises, d'un savoir certain, de quelques savoir-faire et d'une compétence dans de nombreuses matières scolaires que j'ai choisi d'enseigner, que je suis chargé de vous transmettre et que je peux partager.

Je souhaite élargir éventuellement ce champ d'acquisitions et de compétences car je continue à apprendre moi aussi avec vous. J'ai surtout le désir de l'agrandir au travers d'un savoir-être, d'un savoir-créer et d'un savoir-devenir tout au long de cette année scolaire.

AAAH LE PIED ! UNE CLASSE OÙ J'AURAIS PAS À EXPLIQUER DIX FOIS LA MÊME CHOSE ...
ME FAIS PAS RÊVER... DES ÉLÈVES QUI ACCEPTERAIENT DE DÉCOUVRIR QUE C'EST PAS CON ARISTOTE... QUE MONTESQUIEU C'EST GÉNIAL OU QUE MOLIÈRE C'EST TOUJOURS ACTUEL ! AAAH...
MOI, J'AI BESOIN DE RÊVER POUR PAS DÉSESPÉRER... RÊVER QU'IL EST POSSIBLE D'ÉCHANGER ... DE PARTAGER... DE S'ENTENDRE MUTUELLEMENT ...
FM.

Je vous précise aussi que mes connaissances ne sont que partielles et subjectives. Elles sont donc colorées par ma sensibilité, mon histoire, mes expériences « d'ex-enfant ». Ma compétence est par ailleurs toujours aléatoire et élective, mes savoirs limités et sans cesse soumis à des « réactualisations » en fonction de ma recherche, de mes interrogations et de mes découvertes.

JE M'ACCROCHE! JE M'ACCROCHE! ... PERFECTIONNEMENT... RÉACTUALISATION... APPROFONDISSEMENT... PÉDAGOGIES NOUVELLES... TECHNIQUES AUDIO-VISUELLES... COMPUTER INTER-ACTIF...
OUAIS... ÇA C'EST UN PEU L'ILLUSION PÉDAGOGIQUE. JE ME SUIS FAIT AUSSI AVOIR... MAIS AUJOURD'HUI JE NE TIENS PLUS MES LASCARS! J'EN BAVE COMME C'EST PAS POSSIBLE... LA DÉPRIME!

J'ai des projets collectifs pour l'ensemble de la classe, mais j'ai aussi des attentes, des perspectives et des désirs plus individualisés à l'égard de chacun d'entre vous.

Les projets collectifs dépendant surtout du programme, les projets individualisés seront à négocier avec chacun, en fonction de ses centres d'intérêt, de ses engagements ou de sa disponibilité.

MON PROJET EST DE TE VOIR PASSER DE 12 A 14 DE MOYENNE ... SI TU RÉUSSIS, JE RÉUSSIS AVEC TOI !
ET SI JE TERMINE A 11,5 ... VOUS AUREZ ÉCHOUÉ À 25 % ?

J'ai le projet personnel de vous aider à acquérir les bases nécessaires et suffisantes pour permettre votre passage dans la classe supérieure. Mais j'ai surtout des projets de réussite pour chacun.

Je veux vous dire aussi :

• Qu'il est important pour moi de réussir avec vous.

• Qu'il me sera douloureux de vivre un échec à travers la non-réussite de certains, et que si cela se produisait, j'aurais ainsi à me remettre en cause.

TU CROIS QUE C'EST POSSIBLE TOI, D'ENSEIGNER LA COMMUNICATION ?
J'Y CROIS PAS DU TOUT... ÇA SERAIT TROP FACILE...
C'EST MÊME TRÈS DANGEREUX !! ON PEUT FAIRE DIRE N'IMPORTE QUOI À N'IMPORTE QUI !
... ON NE VA PAS PERDRE NOTRE TEMPS À ÇA SI ÇA NE SERT À RIEN !
FM.

J'ai aussi des besoins très diversifiés, celui par exemple d'être, d'une certaine manière, confirmé dans ma compétence de transmetteur de savoirs et « d'enseignant relationnel », comme celui d'être, sinon dépendant de vos résultats, du moins gratifié par eux.

Mon efficacité avec vous est fonction de mon bien-être et donc des satisfactions et du plaisir que je retire de mon travail.

ON NE PEUT PAS LEUR LAISSER TOUT FAIRE... DÉJÀ QU'ILS SE CROIENT TOUT PERMIS !
JE N'AI PAS LE SENTIMENT QUE JE LAISSE FAIRE QUAND JE ME POSITIONNE, QUAND JE M'AFFIRME, QUAND JE LES CONFIRME OU QUAND JE ME CONFRONTE AVEC EUX !

Je souhaite pouvoir vivre avec vous des relations de confrontation et non vous imposer ou subir des relations de soumission ou d'opposition, qui ont généralement tendance à caractériser la plupart des échanges adultes/enfants, à dominer et à donner le ton à l'esprit et à l'ambiance qui règnent dans beaucoup d'écoles.

« Je vous le dis dès maintenant, je serai très sensible au climat de la classe. Et même si le beau temps ne règne pas toujours, c'est vers lui que je tendrai ! »

JE NE VEUX PAS DÉMISSIONNER, NI LES ACCUSER, NI ME DÉVALORISER JE VEUX POUVOIR ÉTABLIR UNE RELATION VIVANTE DANS LAQUELLE JE PEUX ME RESPECTER EN LES RESPECTANT !
JE ME FAIS L'EFFET D'UN DINOSAURE CHAQUE FOIS QUE JE TENTE DE CONFRONTER LEURS ATTENTES, LEUR IMAGINAIRE — J'AI ENVIE DE DIRE PARFOI LEUR DÉRAISON — À LA RÉALITÉ... JE SUIS QUAND MÊME TÉMOIN DE LA RÉALITÉ !
AUTREFOIS ON APPELAIT ÇA L'ÉDUCATION !
TÉMOIN OUI ... MAIS PAS FLIC !

Dans le système d'interactions et d'échanges multiples qui nous implique mutuellement, je veillerai à privilégier une relation d'autorité plutôt qu'une relation de pouvoir.

Dans cette perspective, j'ai donc besoin de votre collaboration sur les bases suivantes :

• Au niveau de mes demandes : je souhaite pouvoir être entendu dans l'ordre des invitations, des propositions stimulantes, plutôt que d'être conduit à introduire des exigences. Ce à quoi je sais cependant recourir, si nécessaire.

• Au niveau du donner, je préfère pouvoir me situer dans l'ordre de l'offrir et de la créativité, plutôt que dans celui de l'imposition.

• Au niveau du recevoir, j'espère pouvoir être amené à rester dans l'ordre de l'accueillir et de l'amplification, plutôt que de passer dans celui du prendre ou d'être renvoyé à des frustrations.

• Au niveau du refuser, j'attends de vous un « non d'affirmation » plutôt qu'un « non d'opposition ».

Chacun d'entre nous, suivant les circonstances, peut être amené à se positionner par un refus. Il lui appartiendra alors d'en évaluer les conséquences.

* *Avoir de l'autorité, c'est exercer une influence qui permette à l'autre d'être auteur, créatif, pour l'inviter à être plus lui-même. Ne pas confondre autorité et pouvoir. Le pouvoir correspond à l'exercice abusif et manipulatoire de cette influence par la contrainte.*
L'autoritarisme est la forme excessive et parfois pathologique de l'autorité.

QUAND LES PARENTS DISENT QU'ILS ONT COMPRIS C'EST QU'ILS SAVENT POUR TOI !
MOI, JE PEUX RIEN LEUR DIRE, SI JE LEUR DIS LA VÉRITÉ, ÇA LES ANGOISSE TELLEMENT QUE C'EST L'ENFER TOUTE LA SOIRÉE...

Il nous appartiendra d'inventer ou de créer bien d'autres balises, d'imaginer bien d'autres repères et bien d'autres outils pour une communication ouverte, vivante, qui permette de vivre des relations en santé avec chacun d'entre vous.

RONSARD AVAIT DU GÉNIE VIRGULE ET CE GÉNIE SE RÉVEILLE CHAQUE FOIS QU'IL EST ANIMÉ D'UN SENTIMENT SINCÈRE POINT À CES MOMENTS VIRGULE L'IMITATION EST VIVIFIÉE PAR LE SOUFFLE LYRIQUE POINT DANS LES DISCOURS VIRGULE NE MANQUENT NI LES PROSOPOPÉES VIRGULE NI LES IMAGES INSPIRÉES DES GRECS ET DES LATINS VIRGUL
NI MÊME LES SO
YTHOLOGIQ
moi je suis absente la tête en attente pour des voyages qui sommeillent...

Comme adulte, je dois me souvenir que l'imaginaire et le symbolique sont aussi des registres importants de la relation.

Imaginaire et symbolique participent à nourrir les pensées, l'univers intérieur et par conséquent les capacités de réflexion et de créativité de chacun.

QUE VA DIRE L'INSPECTEUR QUAND IL DÉCOUVRIRA QUE J'APPLIQUE LES RÈGLES RELATIONNELLES ?
peut-être qu'il voudra les apprendre aussi...
moi, j'aimerais bien que mon père les apprenne...
CHARTE DE VIE RELATION
COMMUNICATION
PROJET COMMUN
PEDAGOGIE
DISCIPLINE

Je sais que je suis dépendant d'un programme, de directives, je peux cependant ne pas me laisser enfermer dedans.

De ma créativité personnelle, mais aussi de ma propre sécurité interne, dépendra ma capacité à accepter l'irrationnel de certains comportements, de certaines situations de la vie scolaire.

J'ai aussi à prendre le risque de me situer vis-à-vis de la structure qui m'entoure.

• En amont, puis-je témoigner d'un projet de formation aux Relations humaines ?

• En aval, puis-je tenter d'en intégrer les principes et les moyens dans ma pratique quotidienne ?

J'AI TROUVÉ CE QUI BLOQUAIT !
Charte de vie Relationnelle à l'école
Projet Commun
PENSER À LA PLACE DE L'AUTRE
ECOUTE
S.O.S
COMMUNICATION
MOI
TOI

Oui, il était une fois, seulement une fois, un groupe d'élèves et un professeur qui, animés du désir de mieux définir leurs échanges, tentèrent l'aventure d'un projet de mieux-être ensemble.

Ils osèrent élaborer en commun une « Charte de Vie relationnelle », « réactualisable » tout au long du temps de leur formation.

L'une des fonctions, l'un des enjeux essentiels de l'école dans les années à venir, sera de devenir un lieu d'échanges, de partages et d'amplification des savoir-être.

Cette évolution, cette révolution ou cette mutation passent par un enseignement et une mise en pratique concrète, au quotidien de la vie scolaire et familiale, de quelques règles d'hygiène relationnelle.

ICI, ON VOUDRAIT QUE JE DISE OUI À TOUT... JE NE PEUX PAS ! J'AI QUELQUE CHOSE À DIRE SUR CHAQUE CHOSE...
MOI JE SERS DE TAMPON ET DE PUTCHING-BALL À CHACUN... JE SUIS UN DÉVERSOIR À FRUSTRATIONS, À PLAINTES, À REPROCHES...
QUAND JE PARLE... QUAND J'OSE PARLER, C'EST POUR ÊTRE SEULEMENT ENTENDU... QUE CE QUE JE DIS FASSE L'OBJET D'UN ÉCHANGE PAS D'UNE GUERILLA !
J'AI LU QUELQUE PART QUE LE RÔLE DES PARENTS C'ÉTAIT DE RÉPONDRE AUX BESOINS DES ENFANTS ... JUSQU'À UN CERTAIN ÂGE D'ACCORD ! ... MAIS AUSSI D'ENTENDRE LEURS DÉSIRS !
LA TABLE, C'EST PAS SEULEMENT BOUFFER... C'EST SE PARLER AUSSI ! MOI, ILS ME PARLENT QUAND ILS ME DONNENT À MANGER !
Y'A UN ÂGE OÙ BESOIN ET DÉSIR, C'EST PAREIL... JE VEUX QUE MAMAN ME PRENNE DANS SES BRAS !
FM.

…Il y aura un jour, avec l'aide
de l'école, avec la participation
de la famille et de tous les réseaux
relationnels de la vie, une éducation
à la conscientisation et une marche
vers plus d'harmonie universelle.

ILS FONT CHIER ! O.K. MÊME SI JE SUIS COMME LES AUTRES DEPUIS QUE MES PARENTS ONT DIVORCÉ... J'AI QUAND MÊME LE DROIT D'ÊTRE MALHEUREUX !
MOI, JE CROYAIS QU'EN TRAVAILLANT BIEN EN CLASSE ÇA ALLAIT LES REMETTRE ENSEMBLE

CHAPITRE III

VIVRE AVEC DES PAIRS

JE SUIS PAS DISPONIBLE APRÈS LA RÉCRÉ... JE DÉPENSE MON ÉNERGIE À PANSER MES BLESSURES...
T'VAS VOIR À LA SORTIE 'SPÈCE DE LÈCHE-BOTTES! FAYOT!

Comme compagnon de classe, de jeux et de la vie, voici ce que j'attends de mes pairs, c'est-à-dire des autres enfants qui m'entourent et que je côtoie pratiquement tous les jours.

Je veux pouvoir, dans la cour de récréation ou ailleurs, exprimer des idées, un point de vue ou une opinion personnelle sans être aussitôt disqualifié, soumis à des remarques désobligeantes, à des railleries ou traité d'un adjectif débilisant.

AU FOOT JE SUIS UNE VRAIE PASSOIRE
À LA PISCINE JE FAIS LE 100 MÈTRES EN 2 MN 30
POUR MA SŒUR JE SUIS UN PETIT MERDEUX QUI LA SURVEILLE
CHEZ MAMAN ELLE M'APPELLE MON GRAND
DANS LE QUARTIER JE SUIS JACKY LE MIRACULÉ DE L'ÉPIDÉMIE DE MÉNINGITE DE 1989
J'AI LE DROIT, D'ÊTRE CREVÉ... JE DOIS GÉRER PLUSIEURS VIES EN MÊME TEMPS!
CHEZ PAPA JE SUIS LE PETIT
POUR MA COPINE JE SUIS UN VICIEUX QUI PENSE QU'À ÇA!
À L'ÉCOLE JE ME DÉFENDS SURTOUT À L'ORDINATEUR
LE RESTE, C'EST PLAT...
OÙ ELLE EST MA VRAIE VIE HEIN?

Je peux admettre des critiques, mais quand elles ne visent qu'à dénigrer ou à rejeter, je les ressens comme polluantes, « bouffeuses » d'énergie.

VOUS APPELEZ ÇA UNE TENUE CORRECTE... POUR VENIR EN CLASSE DE FRANÇAIS ?
MMUM... J'ME TROUVE CHOUETTOS !
J'SUIS SÛR QU'IL AIME PAS MA TRESSE !
IL VA NOUS ENLEVER LE PEU DE CONFIANCE QU'ON A DANS NOS MOYENS...

Je suis très sensible pour tout ce qui touche à mes aspects apparents, visibles (comme ma tenue, mon physique) et aussi à mes traits de caractère, à ma personnalité, à mon sentiment d'appartenance familiale, culturelle ou ethnique.

Les surnoms, les sobriquets et les moqueries qui s'y rapportent ne sont pas bons pour moi. Ils peuvent agir comme de véritables poisons qui me collent à la peau, qui m'imprègnent et me handicapent dans mes apprentissages ou ma disponibilité.

ENTRE RAOUL ET DIDIER, JE SAIS PAS LEQUEL J'AIME... ALORS JE PRÉFÈRE ME LAISSER AIMER PAR CHRISTIAN !
SANDRINE, ELLE PRENAIT TOUT ! LA PILULE, LE PRÉSERVATIF, LA GELÉE... ÇA L'A PAS EMPÊCHÉE DE TOMBER ENCEINTE LE JOUR OÙ ELLE A RENCONTRÉ ANDRÉ. C'ÉTAIT LE SEUL QUI LUI AVAIT DIT QU'IL L'AIMAIT !
SI TU CROIS QUE J'AI ENVIE D'ALLER EN COURS APRÈS CE QUI EST ARRIVÉ À MA SŒUR...

Si je me confie à un camarade, à l'intérieur d'une relation de confiance, j'attends que ce que je lui dis puisse rester dans cet échange et ne soit pas utilisé à mes dépens ou contre moi devant d'autres.

Dans le pays d'origine de mes parents, la parole donnée, c'est sacré !
chez nous, on frappe jamais un enfant... on préfère rire avec lui !
chez moi, on a du mal à se dire qu'on s'aime ! Des fois on rie pour pas s'entendre !
et chez nous, les vieux, ils sont respectés par tout le monde !

Je souhaite pouvoir être accepté avec mes origines et mes valeurs, car comme chacun, je viens de l'enfance de mon histoire. J'ai besoin, sur ce plan, de tolérance de la part de ceux qui sont mes pairs.

Le racket, la violence ou la diffusion de la drogue n'existent et ne perdurent que parce qu'ils sont cautionnés à différents niveaux par le silence et la frilosité des uns et les peurs et les complicités des autres.

Chaque fois que je m'ouvre à une parole plus libre, c'est un peu plus de congruence et de vie que j'introduis dans l'existence et que je peux à mon tour diffuser autour de moi.

ESPÈCE DE DÉBILE
TUPUDUKU !
WOUAH !! T'ES GÉNIAL !
T'ES SYMPA !
TÉS NUL !
GROS LARD
PAUV'RADIN !
TOI ALORS T'ES COOL !
FM.

Je sais que trop souvent nous échangeons à partir d'expressions à l'emporte-pièce, d'onomatopées et de phrases en conserve. Si ce mode d'expression satisfait à un premier degré mon besoin d'appartenance à un groupe, s'il rejoint mon désir de semblance et de reconnaissance et s'il me confirme dans le plaisir d'être ensemble, il ne peut combler mes aspirations à entrer en relation, à communiquer réellement. Je ne veux pas être enfermé uniquement et sans arrêt dans des conversations superficielles à base de mots saucissonnés, morcelés, sans lien entre eux.

Je ne veux plus confondre expression et communication.

avec mon frère on a décidé d'apprendre à communiquer entre nous... comme ça personne d'autre ne comprendra !
mon frère il veut toujours avoir raison il sait pas qu'il a toujours tort !!
avec ma sœur Elma, on peut pas communiquer... d'abord elle comprend rien ... c'est une fille !
moi, j'ai longtemps cru que communiquer c'était que l'autre soit d'accord avec moi !

Je ne veux plus me lever le matin avec une angoisse aux tripes à l'idée que je dois affronter un groupe de mecs ou de filles qui me renvoie de moi une image minable et réductrice.

Je ne veux plus me laisser enfermer dans une caricature qui fait rire les autres et me coupe de mes véritables ressources.

DES FOIS... CE QUE DIT LE PROF ÇA ME TOUCHE... J'AI ENVIE DE DIRE PLEIN DE CHOSES MAIS C'EST JAMAIS LE MOMENT !
OUAIS, Y'A DES MATIÈRES QUI M'EMBALLENT VRAIMENT... MAIS C'EST DIFFICILE DE TROUVER QUELQU'UN AVEC QUI EN PARLER SÉRIEUSEMENT, PROFONDÉMENT...
QUAND JE LIS, MOI, J'AI L'IMPRESSION DE VOYAGER... ALORS JE M'DIS QUE L'ÉCOLE C'EST PLEIN DE PORTES OUVERTES SUR DES VOYAGES !

Je voudrais que la classe soit un lieu qui m'aspire et m'inspire, qui m'amplifie et me structure, qui me confirme dans le meilleur de moi.

MA COPINE, ELLE A PARFAIT'MENT COMPRIS LES DEUX BOUTS DE LA RELATION: ELLE VEUT PAS QUE J'PARLE SUR ELLE... MAIS ÇA LA DÉRANGE PAS DE PARLER SUR MOI !
CHAQUE FOIS QUE JE DIS À MON PÈRE "QU'EST-CE QUE TU RESSENS QUAND TU ME VOIS SORTIR AVEC MOHAMED ?" IL ME RÉPOND C'EST PAS UN GARÇON POUR TOI !
MOI, MA MÈRE ME DIT : TU VIENDRAS PAS TE PLAINDRE SI T'ATTRAPES LE SIDA TU L'AURAS VOULU !
WOUAH ! SITÔT QU'ON SORT LE SOIR, ILS PENSENT À TOUS LES MALHEURS QUI PEUVENT NOUS ARRIVER... ILS SAVENT MÊME PLUS QUE LE BONHEUR DE S'AIMER EXISTE...
FM.

Dans toute classe, il y a des clans, des sous-groupes ou des bandes. Je ne prétends pas m'entendre avec tous, j'ai aussi des préférences, des affinités, des centres d'intérêt qui me font faire des choix de personnes et d'amis.

ON NE M'OTERA PAS DE L'IDÉE QU'IL Y A QUAND MÊME DES SALES GOSSES QUI FONT EXPRÈS DE VOUS GACHER LA JOURNÉE !!
OUAIS... ON NE ME VEUT PAS MORALISATEUR... NI CRITIQUE... NI AUTORITAIRE... QU'EST-CE-QU'ON VEUT QUE JE SOIS ALÔÔÔRS ?
TOUT SIMPLEMENT UN TÉMOIN... UN REPÈRE EN ÉCOUTANT, EN PARLANT !
VLAM

Au-delà des attirances et des relations privilégiées qui peuvent naître naturellement, je demande à être accepté pour moi-même, tel que je suis.

Si je suis un élève qui réussit, j'ai aussi le droit à l'erreur.

Si je suis un élève en difficulté ou peu doué pour les matières scolaires, j'ai néanmoins d'autres domaines de compétence extrascolaires à propos desquels je peux échanger et à partir desquels je peux me faire reconnaître.

Quand j'étais môme, j'aimais commander... j'avais même un lieutenant et je lui disais "Tape sur ce type!"... et il le faisait !!
Moi, j'ai traversé tout le primaire sans dégâts parce que je savais raconter des histoires à la récré. En classe j'étais jamais puni parce que les copains s'arrangeaient pour répondre à ma place !
C'était l'bon temps! j'obligeais ma sœur à faire mes devoirs à ma place! Maintenant elle veut plus... elle est trop grande!

Il est possible que je ne sois pas vu comme un leader, un caïd, un chef ou un meneur de bandes ! Je peux m'interroger sur mes raisons personnelles à attribuer du pouvoir à celui que je considère comme tel.

Avant même que j'arrive en classe, j'ai la tête pleine de problèmes à résoudre

Ma vie scolaire ne représente qu'une partie et qu'un aspect de mon existence. Même si elle est importante pour moi, l'essentiel se passe parfois ailleurs. Mon intimité m'appartient et son respect me tient à cœur.

MOI J'AI PAS ENVIE DE FAIRE DE LA SALOMÉITE AIGUË ! OÙ EST LA SPONTANÉITÉ DANS TOUT ÇA ?
C'EST CURIEUX... J'AI AU FOND DE MOI LE SENTIMENT DE SAVOIR TOUT ÇA... ET DE LE VOIR FORMULER ÇA ME RASSURE !
C'EST VRAIMENT PAS FACILE... JE NE PEUX PAS M'EMPÊCHER DE PARLER POUR L'AUTRE ET DE PENSER À SA PLACE ...

CHAPITRE IV

ENTRE ADULTES

JE NE SAIS PLUS COMMENT M'Y PRENDRE AVEC PIERRE... IL EST VRAIMENT INSUPPORTABLE ! TU SAIS ? JE T'AI DÉJÀ PARLÉ DE LUI !
OUI... IL SEMBLE TE PRÉOCCUPER BEAUCOUP ! TU AS ENVIE DE ME PARLER DE CE QUI SE PASSE POUR TOI ?

Comme adulte enseignant, voici ce que j'attends de mes collègues, quand je les rencontre en salle des professeurs, durant les inter-cours, à l'occasion d'échanges informels, ou quand je les côtoie à l'occasion de réunions plus formelles.

Lorsque je tente de parler de mes difficultés ou de mes réussites avec tel ou tel élève, je ne souhaite pas que mon interlocuteur s'empare de mes propos, me fasse un discours sur l'élève… mais m'écoute, moi !

Quoi que je dise, c'est de moi que je parle. Et, quand toi, mon collègue, tu surenchéris sur l'élève ou que tu te plains toi-même de tes difficultés avec ce même élève ou le glorifie, cela ne m'aide pas du tout.

C'EST VRAIMENT UN MÉTIER DE SOLITUDE QUE NOUS FAISONS ENTOURÉS DE PLEIN DE MÔMES ET D'ADULTES ... ET TOUT AU FOND SEUL AVEC NOUS-MÊME ...
TU AS RAISON ! ON EST TOUJOURS LÀ À PLAISANTER, À DISCUTAILLER, À PARLER BAGNOLES OU POLITIQUE ... MAIS ON NE PARTAGE RIEN !
JE NE ME VOIS PAS DISANT TOUT CE QUI ME PASSE PAR LA TÊTE ... ON PENSERAIT QUE JE SUIS MALADE OU FOLLE !!

Quand je me plains des programmes ou de l'emploi du temps, ce n'est pas l'Éducation nationale ou les personnes en autorité que je mets en cause (même si j'en ai quelquefois la tentation), c'est mon vécu que j'énonce, et j'aspire simplement à ce qu'il soit entendu tel que je le vis.

SI JE LES LAISSE TROP PARLER... JE N'AI PLUS LE TEMPS DE DIRE...
MOI, J'AI TANT RÊVÉ D'UNE CLASSE IDÉALE OÙ J'AURAIS MÊME PAS LE BESOIN DE FAIRE DE LA DISCIPLINE !
ET MON RÊVE, À MOI : AVOIR DES ÉLÈVES INTÉRESSÉS PAR CE QUE JE DIS...

J'accepte l'idée d'un temps nécessaire à toute sensibilisation, à toute conscientisation, à toute évolution.

Je sais que tout changement profond a besoin de durée pour inscrire ses sillons dans les habitudes.

J'accepte aussi de cheminer seul pour devenir un enseignant relationnel.

J'ai néanmoins des attentes implicites de solidarité, de convivialité et de stimulation, là où je ne trouve souvent que critiques, amertumes et répétitions auxquelles je collabore malgré moi.

JE ME DEMANDE PARFOIS CE QUI RESTE DE NOUS CHEZ LES GOSSES ?
MOI, JE GARDE LE SOUVENIR TRÈS FORT D'UN PROF QUI M'AVAIT FAIT RESTER APRÈS LA CLASSE POUR ME DIRE : " CE QUE J'APPRÉCIE CHEZ TOI C'EST QUE TU PORTES UN REGARD POSITIF SUR LES ÊTRES ET LES CHOSES ! " J'AI TOUJOURS GARDÉ CETTE PHRASE EN MÉMOIRE, COMME QUELQUE CHOSE DE PRÉCIEUX !

J'aimerais des partages sur le sens de la relation que nous proposons à nos élèves. Si une relation est un canal, une passerelle ou un pont, je m'interroge sur ce qui passe dedans, dessus, tout autour.

Peut-être serait-il possible de trouver du temps pour des réunions à thème sur la communication visant à

– un diagnostic de nos principales difficultés actuelles (état des lieux) ;

– définir un projet spécifique et concret de lutte contre ces difficultés.

Cet investissement de temps nous permettrait de précieux gains d'énergie pour la suite de nos échanges.

ILS ME SURPRENDRONT TOUJOURS ! DES FOIS JE DÉSESPÈRE ET D'AUTRES FOIS ILS ME FONT DÉCOUVRIR DES TRUCS INCROYABLES !
OUI ! PAR EXEMPLE L'AUTRE JOUR, IL Y EN A UN QUI ME DIT À PROPOS DE LA SOLUTION FINALE IMPOSÉE PAR HITLER : "TOUTE CETTE VIOLENCE DES ADULTES, ELLE EXISTE DÉJÀ EN NOUS ! MOI AUSSI J'AI RÊVÉ D'EXTERMINER DES GENS QUE JE N'AIMAIS PAS... MAIS C'EST PAS POSSIBLE DE DIRE LES SENTIMENTS NÉGATIFS QU'ON A ... ON EST TOUT DE SUITE VU COMME MAUVAIS !
FM.

Je suis souvent tiraillé entre :

– la commande institutionnelle dont je suis l'objet et les demandes individuelles, multiples que je perçois au cours d'une année dans une classe ;

– la nécessité d'être le garant d'une réalité et en même temps de rester attentif à recevoir l'imprévisible qui peut naître d'un échange.

C'EST LA CRISE DES VALEURS, C'EST LA CRISE DANS LA FAMILLE, C'EST LA CRISE À L'ÉCOLE, C'EST LA CRISE DANS MON COUPLE, C'EST LA CRISE AVEC MOI-MÊME... TOUT VA BIEN !!
MOI, JE SUIS AU-DELÀ DE LA CRISE ! JE VIS DANS LE CONFLIT EN PERMANENCE...
MOI, JE NE SUIS PLUS DANS LE CONFLIT... JE SUIS DANS LA DÉPRIME !
COMME AURAIT PU DIRE BERGSON... AU-DELÀ DE LA DÉPRIME, IL Y A LA SURVIE !!

Je me sens mal à l'aise chaque fois qu'un de mes collègues confond mise en mots et mise en cause.

Quand je tente de mettre les mots sur un événement, un vécu personnel, mon ressenti intime, je ne souhaite pas que cela soit entendu comme une mise en cause d'un élève, d'un parent ou d'un collègue, mais comme l'expression de ma sensibilité du moment.

CHAQUE FOIS QUE JE ME RESPONSABILISE À MON BOUT DE LA RELATION, MON MARI ME TRAITE D'ÉGOÏSTE... D'IRRESPONSABLE !
MOI, J'AVAIS PRIS L'HABITUDE DE PARLER SUR MES ENFANTS AUJOURD'HUI ILS ME DEMANDENT : TU NE PEUX PAS PARLER NORMALEMENT ?

Je voudrais favoriser au maximum la communication directe, c'est-à-dire une expression de personne à personne et non entretenir la communication indirecte dans laquelle « nous parlons » sur l'autre et où « on tente d'expliquer » ce qui se passe chez les autres.

CHAQUE FOIS QUE JE T'INVITE À ENTENDRE NOTRE FILLE — SEULEMENT L'ENTENDRE AU LIEU DE LUI COUPER LA PAROLE, D'IRONISER OU DE LUI METTRE LE NEZ DANS SES CONTRADICTIONS — TU AS L'IMPRESSION QUE JE FAIS BLOC AVEC ELLE CONTRE TOI ... JE VOUDRAIS SEULEMENT QUE VOUS PUISSIEZ PARLER PLUS DE CINQ MINUTES SANS VOUS RÉPÉTER ET VOUS BLESSER !
ELLE M'ÉNERVE SANS ARRÊT ! C'EST COMME SI ELLE VOULAIT ME METTRE EN ÉCHEC... JE ME SENS DÉMUNI ET C'EST INSUPPORTABLE POUR MOI !
HLM

Je ne veux pas refaire le monde, redresser la société, changer les parents ou les élèves. Je souhaite pouvoir m'affirmer, me définir au plus près de ce que j'éprouve.

Ma recherche de cohérence commence avec moi-même.

TU VAS DEVENIR SOURD Ā ÉCOUTER CE MACHIN !
QSSS QSS
QSSS

Je ne veux plus m'abriter derrière l'alibi des programmes, de la matière que j'enseigne. Je veux poser des jalons pour proposer des relations de confrontation plus fréquentes.

SI ON NE PEUT PLUS MENACER, SANCTIONNER CULPABILISER... COMMENT VA-T-ON LES TENIR ?
DE TOUTE FAÇON AUJOURD'HUI, PLUS RIEN N'A DE PRISE SUR EUX...
MOI, JE VAIS TENTER DE PROPOSER UNE CHARTE DE VIE RELATIONNELLE... JE NE VAIS PAS ME DÉCOURAGER !

Au-delà des inquiétudes par mes interrogations et par la remise en cause quasi permanente des enfants que je côtoie, je voudrais pouvoir m'appuyer aussi sur des confirmations, des encouragements pour la mise en application concrète d'un enseignement des relations humaines.

Je m'engage à me comporter comme un éveilleur, un révélateur et un témoin de toute forme de vie en gestation dans une classe.

Je m'engage surtout vis-à-vis de moi-même à développer les possibles d'une ouverture au partage, au dialogue.

PROSPECTIVE

Il serait possible de créer dans chaque école, des groupes de communication, à partir d'une stratégie clairement définie dès le départ :

Ce n'est pas un groupe de thérapie orienté vers la résolution de problèmes.

C'est un groupe d'expression, de confrontation, d'expérimentation et d'apprentissage.

Pour développer une communication relationnelle directement utilisable par les participants, le système des échanges qui domine actuellement pourrait être modifié dans plusieurs directions.

D'unidirectionnel : du haut vers le bas, il deviendrait multidirectionnel.

Il ne resterait plus centralisé autour de la personne de l'enseignant ou de la matière, mais s'élargirait sur ce qui est considéré généralement comme des sous-produits de la communication : bavardages, échanges informels, rêveries…

L'accès à la parole ne se ferait plus dans un contexte de compétition et de renforcement des rôles établis (les « ténors » parlent surtout et les inhibés ou les plus sensibles se font oublier), mais dans un esprit de convivialité.

modèle Jules Ferry
LA LECTURE ET L'ÉCRITURE SONT LES FONDEMENTS DE LA LIBERTÉ INDIVIDUELLE ET DE L'ÉGALITÉ DE CHACUN...
modèle fin XIXe
L'ESPRIT SCIENTIFIQUE DOIT RESTER OUVERT À LA CRITIQUE DE LA PENSÉE. C'EST LA BASE DE LA DÉMOCRATIE.
LA DISCIPLINE, LE SPORT, L'INSTRUCTION CIVIQUE SONT LES BASES DE L'ENSEIGNEMENT RÉPUBLICAIN !
La tolérance
APPRENONS L'HISTOIRE DES AUTRES NATIONS POUR QUE RÈGNE LA PAIX DANS LE MONDE
modèle 1914
modèle après guerre

La mise en place d'une régulation des échanges, qui se font trop souvent sous forme d'interventions brèves, avec des chevauchements, des interruptions, qui sont marqués par l'égocentrisme ou le seuil de tolérance bas de certains, la quête affective et le besoin d'exclusivité des autres, permettra d'intérioriser des règles de partage, de co-échanges et de composer avec les zones de réactivité, d'intolérance ou d'impatience.

L'appui sur le témoignage personnel, sur la prise en compte des différences dans les perceptions d'un événement, d'un phénomène ouvrira l'accès à des ressentis personnalisés.

La relativisation de la dimension explicative ou dualiste permettra l'initiation à l'écoute du sens et à la sensibilisation aux registres réaliste, imaginaire et symbolique présents dans toute tentative de communication.

La démystification du terrorisme relationnel latent entre la violence du non-dit et celle du tout dire dégagera des espaces de partage et de confrontation.

La valorisation des autres et le non-jugement seront des voies d'accès pour passer de l'impression à l'expression et de l'expression à la mise en commun.

Ainsi se développeront les bases d'une Écologie relationnelle, active, présente, vivace et vivifiante dans les échanges avec la vie.

modèle 1925
LA LIBERTÉ DE CHACUN DOIT ÊTRE LIMITÉE À LA LIBERTÉ DES AUTRES...
modèle entre deux guerres
LE DOUTE IL FAUT CULTIVER LE DOUTE ! IL NE FAUT PAS SE LAISSER AVOIR PAR LES BELLES IDÉES... OUI ! LE SCEPTICISME EST LA MATIÈRE FONDAMENTALE À APPRENDRE AU TRAVERS DE TOUTES LES AUTRES MATIÈRES...
LES VALEURS TRADITIONNELLES DE NOTRE NATION S'EXPRIMENT DANS LA DEVISE "TRAVAIL FAMILLE PATRIE"
VIVE LE MARECHAL
modèle Occupation
GOOD MORNING BOYS ! TODAY NOUS ALLONS ÉTUDIER LE PLAN MARSHALL ET ENSUITE COURS D'ANGLAIS, OK ?
modèle Libération

POUR UNE ÉDUCATION
À LA CONSCIENTISATION

Il y aura un jour dans les écoles
une éducation à la conscientisation.
Je veux parler d'une éducation où chaque enfant
sera invité à entendre et amplifier l'éveil de ses
possibles et au-delà, à reconnaître la parcelle
de divin qui est inscrite en lui.
Une éducation qui lui permettra et l'autorisera
à ressentir ce qu'il ressent, à éprouver ce
qu'il éprouve à un moment donné, à pouvoir
identifier ses sentiments réels à l'instant
où ils surgiront en lui.
Une éducation où lui seront ainsi offerts les
possibles d'un véritable lieu d'apprentissage :
• pour s'exercer à percevoir les différentes
sensations que suscitent en lui les réponses
de l'entourage, qu'il puisse s'agir de gratification,
de frustration, d'incompréhension ou de rejet ;
• pour affiner ses capacités de discernement ;
• pour apprendre à distinguer entre écouter
et entendre, regarder et voir, s'exprimer
et communiquer.
Il y aura un jour dans les écoles une éducation
consacrée à la sauvegarde du respect de soi et
une formation centrée sur la découverte qu'une
relation a toujours deux extrémités.

QU'EST CE QUE VOUS AVEZ ENVIE DE FAIRE AUJOURD'HUI ? APRÈS LE VOTE QUI DÉTERMINERA LES DEUX GRANDS COURANTS EXISTANTS DANS NOTRE GROUPE-CLASSE, LES LEADERS NATURELS QUI SE DÉGAGERONT DE LA MASSE DES INDIVIDUS ANIMERONT L'ACTIVITÉ DE FAÇON NON-DIRECTIVE...
modèle 1968
CHACUN AUTO-ÉVALUERA SA PARTICIPATION.
UN PAYSAN ÉCHANGE UN ENSEMBLE P DE POMMES CONTRE UN ENSEMBLE M DE PIÈCES DE MONNAIES. LE CARDINAL DE L'ENSEMBLE M EST ÉGAL À 100 ET CHAQUE ÉLÉMENT PM VAUT 1 F. DESSINEZ 100 GROS POINTS REPRÉSENTANT LES ÉLÉMENTS DE L'ENSEMBLE M.
modèle mathématiques nouvelles
L'ESSENTIEL N'EST PAS DANS LA MATIÈRE... C'EST D'APPRENDRE À APPRENDRE !
modèle 1970

Il y aura un jour, dans les écoles, un enseignement des relations humaines pour nous sensibiliser à l'importance du partage, à la nécessité de se dire avec des mots à soi, de ne plus se laisser définir.
Oui, il y aura un jour, une éducation consciencielle, qui sollicitera chacun à se sentir responsable de l'extrémité de la relation qui est la sienne. Une formation qui l'invitera à se sentir attentif, vigilant et respectueux de l'extrémité (celle de celui qui est devant soi), dans la découverte et l'expérimentation de la différence, de l'unicité de chacun et de son altérité.
Il y aura un jour dans les écoles un enseignement pour apprendre à protéger et à nourrir notre relation, non seulement la relation à nous-même, aux autres, mais aussi à l'Univers.
Une formation pour nous initier à vivre et à agir comme des êtres planétaires qui ne peuvent plus se contenter de gérer la planète Terre à partir d'intérêts locaux, nationaux ou circonstanciels.

ON N'Y ARRIVE PLUS... C'EST LA PAGAILLE ! IL FAUT LES MATER POUR AVOIR LA PAIX !
SI ON NOUS DONNAIT DES CAMÉSCOPES ET DES ORDINATEURS... ON ARRIVERAIT À LES INTÉRESSER DAVANTAGE !
modèle 1980
LES GRANDES MATIÈRES SCOLAIRES : ÉDUCATION SEXUELLE, SIDA, DROGUES, RACKET .... SERONT TRAITÉES À TRAVERS L'HISTOIRE, LA GÉOGRAPHIE, LE CALCUL, LE FRANÇAIS ET L'ÉDUCATION PHYSIQUE
PRÉ RENTRÉE
modèle 1990
PRO EDUC
AM 8:30
L'ANCÊTRE DU PROFESSEUR GÉNÉRAL APPELÉ AUTREFOIS INSTITUTEUR OU "INSTIT'" A DISPARU DES PROGRAMMES AVEC LA TRANSFORMATION DES ÉCOLES EN ÉCO-MUSÉES. UNE VARIÉTÉ D'ENSEIGNANTS RELATIONNELS A SURVÉCU NON SANS MAL. ON EN TROUVE DES TRACES DANS CERTAINES RÉSERVES DE DORDOGNE, DES CAUSSES DU VERCORS ET DU BAS-FINISTÈRE...
modèle 2010

Oui, il y aura un jour, une écologie
relationnelle qui fleurira entre les êtres,
et nous donnera des moyens concrets
d'accéder, au-delà de l'espérance, à cette
aspiration d'absolu, de bonheur et de paix
qui habite en chacun.
Il y aura une impulsion plus vitale
qu'un besoin, plus ambitieuse qu'un désir,
plus puissante qu'un éveil…
Il y aura un mouvement plus profond
qu'un élan, plus large qu'un envol,
plus généreux qu'une promesse…
Il y aura un idéal plus vivant qu'un rêve…
Il y aura le projet commun
d'une charte de vie et de bien-être,
pour oser se proposer des communications
vivantes et des relations en santé entre les
hommes et les femmes de notre monde.
Le seul que nous ayons à protéger,
celui de notre vie d'aujourd'hui.
Celui de nos enfants et de
tous les enfants à venir.

l'Ecologie Relationnelle... ça veut dire qu'ils auront pas toujours raison !
le beau temps quoi !!
oui, ça veut dire qu'on peut se tromper sans déclencher une tempête...
...que tu peux parler de toi sans être considéré comme le cyclone des Açores !
...que tu peux dire NON sans provoquer un orage !
FM.

Qui se souvient que l'origine du mot école vient du grec « skolé » signifiant « repos, temps de loisirs », d'où possibilité du temps d'études ?

TU TE FAIS TRAITER DE TARÉ QUAND TU DIS À L'AUTRE "DIS-MOI CE QUE TU RESSENS PLUTÔT QUE DE GUEULER SUR MOI !"
MES COPAINS DU QUARTIER, ILS M'APPELLENT "TATA DOLTO" DEPUIS QUE JE LEUR DIS : VAUT MIEUX METTRE DES MOTS QUE DES MAUX !
MOI, J'AI L'IMPRESSION D'ÊTRE UN MARTIEN QUAND JE TENDS L'ÉCHARPE RELATIONNELLE... MON PÈRE, L'AUTRE JOUR, IL VOULAIT M'ÉTRANGLER AVEC !!

Jacques Salomé
Petite bibliographie conseillée

pour approfondir, pour aller plus loin
ou plus près... par thèmes...

Repères de base pour une communication vivante
Deux petits précis illustrés de grammaire
et d'hygiène relationnelle.
T'es toi quand tu parles, éd. Albin Michel, 1991.
Heureux qui communique, éd. Albin Michel, 1993.

Relation à soi-même
Exploration de soi à travers le psychodrame.
Les Mémoires de l'oubli (en collaboration avec
Sylvie Galland), éd. de l'Homme, 1989.
Essai sur les enjeux des relations humaines, avec soi,
avec autrui.
Si je m'écoutais, je m'entendrais (en collaboration avec
Sylvie Galland), éd. de l'Homme, 1990.

Communication dans le couple
Je m'appelle toi (un roman sur la difficulté de passer
de la rencontre à la relation), éd. Albin Michel, 1990.
Parle-moi... j'ai des choses à te dire, éd. de l'Homme, 1982.
Aimer et se le dire (en collaboration avec Sylvie Galland),
éd. de l'Homme, 1993.
Jamais seuls ensemble, éd. de l'Homme, 1995.

Communication parents-enfants
Papa, maman, écoutez-moi vraiment, éd. Albin Michel, 1989.
Contes à guérir, contes à grandir, éd. Albin Michel, 1993.

Relation d'aide, formation à l'écoute
Relation d'aide et formation à l'entretien, Presses
Universitaires de Lille, 1987.

Registre ludique, de l'imaginaire, du symbolique et de la poésie

Je t'appelle tendresse, éd. Espace bleu, 1984.
Apprivoiser la tendresse, éd. Jouvence, 1988.
Bonjour tendresse (une pensée par jour), éd. Albin Michel, 1992.

L'Enfant Bouddha (illustrations de Cosey), éd. Albin Michel, 1993.
Le Tarot relationnel, éd. Albin Michel, 1994.
Paroles d'amour (poétique amoureuse), éd. Albin Michel, 1995.

22, rue Huyghens 75014 Paris
N° d'édition 14 810
ISBN 2 226 07995 5
Dépôt légal second semestre 1995
Imprimé en Italie par Artegrafica, Verone.